DINA

Mercedes Navarro Puerto

DINA

Violada y borrada

SAN PABLO

Colección dirigida por Silvia Martínez Cano

Mercedes Navarro Puerto (Jerez, 1951), biblista, teóloga y psicóloga, ha enseñado Antiguo Testamento y Psicología y Religión en la UPSA e impartido cursos de Biblia en centros teológicos y universidades públicas (Complutense, Sevilla...). Sus escritos versan sobre Biblia y Teología feminista y en SAN PABLO ha publicado *La luz y el universo* (2017), *El ansia y la sed* (2017), *María de Betania* (2020), *Eva* (2023) y *Tan humano, solo Dios* (2025).

© SAN PABLO 2025
  Protasio Gómez, 11-15. 28027 Madrid
  Tel. 917 425 113
  secretaria.edit@sanpablo.es - www.sanpablo.es
© Mercedes Navarro Puerto, 2025
© Ilustración de portada: Silvia Martínez Cano, 2025
© Ilustraciones de interior: Montserrat Martín Blanco, 2025

Distribución: SAN PABLO. División Comercial
Resina, 1. 28021 Madrid
Tel. 917 987 375
ventas@sanpablo.es
ISBN: 978-84-285-7435-8
Depósito legal: M. 21.790-2025
Printed in Spain. Impreso en España

Introducción

Escuchamos y leemos a menudo la expresión «cultura de la violación» para referirnos a un rasgo cada vez más presente en nuestra sociedad global. Por regla general, la expresión señala a las víctimas, mujeres y niñas, y a los verdugos, varones en un amplísimo espectro de edad y condición. Hay mujeres violadoras y hay varones violados –sobre todo menores– pero, estadísticamente hablando, los violadores son masivamente varones y las violadas son masivamente mujeres.

La cultura de la violación incluye actos que, desde los conocidos como «micromachismos», van escalando cuotas de violencia hasta las más atroces y degeneradas agresiones sexuales que, con mayor frecuencia cada vez, terminan destruyendo a las víctimas hasta la muerte. En cierto número de casos, en aumento, parecen destinados desde el comienzo a la total destrucción de la niña, la joven o la mujer adulta y la anciana. Si hasta el siglo pasado las violaciones formaban parte de contextos concretos, limitados, en las últimas décadas del siglo actual esta forma de agresión sexual, a mujeres y niñas en su mayor parte, ha pasado a ser un trágico elemento de la cultura patriarcal. Esta mal llamada «cultura» tiene, no obstante, su propia reacción pues quizás nunca en la historia conocida ha existido tanta consciencia de dicha forma de violencia, ni de su condición estructural, así como tampoco hemos tenido noticia de una acción tan decidida y coordinada, tan geográficamente extensa, para erradicarla.

La agresión sexual que denominamos «violación» ha existido en todas las culturas y épocas conocidas. Todas ellas han sido y son patriarcales. Todas han usado y usan la violación como forma de poder y de control sobre las mujeres en el ámbito doméstico, en el social, en el político y en la guerra. Todas las culturas, también, incluyen prohibiciones y castigos cuando la violación excede los límites puestos por cada sociedad patriarcal. Pero estas culturas de los siglos precedentes no solían jalear ni premiar a los violadores. Buena parte de la nuestra, actual, lo hace. Las anteriores no son culturas de la violación, aunque esta forme parte de ellas. Es lo que sucede actualmente en sociedades cuyas culturas incluyen normas en materia sexual referente a las mujeres dentro del marco amplio del código de honor. Es el caso de amplios grupos sociales de Oriente Medio y de Extremo Oriente, pero también de numerosos países africanos del norte y subsaharianos, por mencionar los ejemplos más conocidos. En Occidente es diferente. La violación se castiga como delito en los códigos penales de los distintos países, pero progresivamente ha ido convirtiéndose en un hábito expresivo del poder masculino para someter y degradar a las mujeres.

Se viola a las jóvenes objeto de trata como «preparación» para el «trabajo sexual» en los prostíbulos. Se viola a las mujeres, arma de guerra, en todos los conflictos existentes como forma de afirmar la victoria. Se viola a niñas, adolescentes y adultas en el contexto familiar con diferentes propósitos como aprendizaje y experiencia sexual –hay lugares de América latina donde las mismas madres meten a sus hijos varones en la cama de sus familiares, hermanas incluidas, con este objetivo– y en otros numerosos casos solo por satisfacer el impulso sexual del varón.

Se viola en fiestas populares, en fiestas privadas y selectas. Se viola en las calles, en los portales de las casas, en el campo, en el pueblo, en la ciudad. Se viola en la propia casa, en el propio dormitorio, en la propia cocina. Se viola individualmente y en grupo, por la mañana, a mediodía y por la noche, con luz y a oscuras. Y, sin embargo, en las denuncias y en los juicios todavía se duda de las mujeres, se las cuestiona y se las obliga a dar explicaciones que, a la postre, exculpen o suavicen al ejecutor o ejecutores de la o las agresiones. Y, por ello, y mucho más, se habla con frecuencia de que la nuestra es una «cultura de la violación». No como la violación en otras sociedades y culturas de ayer y de hoy, cuya permisividad adquiere otras formas, tal vez más sibilinas.

Hablamos, con frecuencia, de «violación» en sentido simbólico para referirnos a diferentes formas de violencia no necesariamente sexual, pero aquí hablaremos de violación en su sentido principal como la agresión sexual a una mujer por un varón.

La violación de Dina no forma parte de esta «cultura de la violación», pero se encuadra en sociedades con un código de honor cuyo garante, supuestamente, es el varón, y la culpable, generalmente, la mujer. Evocar esta historia, tan lejana en el tiempo, ofrece mayor perspectiva a un problema permanente, un problema producto continuado e históricamente transversal del patriarcado. Con todo, hablar de la violación aquí corre el riesgo de centrarnos en el tema y ocultar al personaje. Para sortearlo, comenzaremos directamente por la protagonista y su historia.

¿Quién es Dina?

Dina es la única hija del patriarca Jacob y de Lía, la primera de sus esposas. Su historia se narra en el capítulo 34 del libro bíblico del Génesis, pues Jacob, hijo de Isaac, tuvo trece hijos, doce varones y una mujer. Dina solo aparece en la historia familiar (Gén 34) cuando se narra su secuestro y violación. Nos iremos acercando al personaje narrativo de Dina en una progresión cada vez más cercana, hasta hacer un zum en las frases claves de su violación, para alejarnos de nuevo en un intento de comprender su figura en su contexto intra y extranarrativo.

La narración comienza cuando Jacob y su familia llegan a la ciudad de Siquén con la idea de permanecer un tiempo en el país. Tras una negociación con sus habitantes, Jacob instala su campamento. Este patriarca tiene dos esposas, Lía y Raquel, cada cual con su esclava, que constituyen una extensión

Siquén se apodera de Dina, la rapta, la viola y luego se aficiona a ella intensamente.

de su señora y son consideradas, en la práctica, concubinas de Jacob. Entre todas dan a luz a los trece hijos legítimos de Jacob.

La joven Dina sale un día a *ver* a las mujeres de esa tierra y es *vista* por Siquén, el príncipe de la ciudad. Siquén se apodera de Dina, la rapta, la viola y luego se aficiona a ella intensamente. Pide a su padre, Jamor, que se la dé en matrimonio. Jamor, como era costumbre, quiere negociar con Jacob el posible matrimonio entre violador y violada. Jacob, padre de Dina, enterado de lo ocurrido, no reacciona inmediatamente, sino que espera a que sus hijos vuelvan del campo. En las conversaciones, Jamor pretende hacer tratos y emparentar a los dos pueblos mediante el matrimonio de Dina y Siquén. Sin embargo, Rubén y Leví, hermanos carnales de Dina –hijos de Lía–, deciden vengarse, trazan un plan y les engañan. Ponen la condición de que todos los varones se circunciden. Mientras estos estaban curándose, Rubén y Leví, con el resto de sus hermanos, atacan la ciudad, «recuperan» a Dina y matan a todos tomando como botín a mujeres y niños y todo lo que encuentran. Jacob se enfada con sus hijos porque esa acción lo convierte en alguien despreciable ante los pueblos vecinos. El relato termina con una pregunta abierta de los hermanos de Dina, que pretende ser justificación y respuesta a su padre: «¿acaso podíamos permitir que se tratara a nuestra hermana como a una prostituta?» (Gén 34,31).

¿Qué se juega en esta tragedia?

Para hacernos una idea de la gravedad de la violencia ejercida contra Dina es preciso tener en cuenta a los diferentes personajes que la violentan, pues el relato incluye distintos tipos de violencia. La primera, y desencadenante de las que le siguen, aparece en la anotación del narrador sobre Siquén, cuando dice que «la ve», pues su forma de verla queda patente en los verbos que arrastra, narrados uno detrás de otro en forma de cadena, que terminan en la violación: «la vio, la tomó y se acostó con ella –la violó–» y luego se aficionó intensamente a ella. En toda esta secuencia Dina es sujeto pasivo. El cambio es drástico, pues al comenzar la historia el narrador la trata como sujeto activo, ya que «salió a ver a las mujeres del país». Caer bajo la mirada de Siquén la hace pasar de sujeto activo a sujeto pasivo. De hecho, la convierte en un objeto: el objeto de su deseo.

El padre del príncipe encuentra una solución al desmán de su hijo y negocia la única salida digna y de un cierto futuro para Dina –siempre desde la perspectiva de los varones, pues el narrador no vuelve a dar a Dina estatus de personaje activo– de acuerdo con las costumbres establecidas. Dina, al principio del relato, había tomado una decisión autónoma, pero después de estar bajo la mirada de Siquén la muchacha se queda sin la facultad de decidir: todos deciden sobre ella y por ella.

Para Jamor y para Jacob el matrimonio entre violador y violada es políticamente conveniente y rentable, pues Jamor juzga positivamente a Jacob y su tribu. No tenemos constancia de hasta qué punto estas negociaciones ejercen violencia contra Dina, o más bien, hasta qué punto suavizan el impacto de la violación. Podemos verlo desde nuestra perspectiva actual, pero no contamos con datos suficientes para conocer lo que pensaban o sentían las mujeres en esta situación, a no ser que recurramos –por adelantado– a la historia de Tamar, la hija de David, que pidió el matrimonio tras su violación como una forma de salvar su honra y su futuro. Tomando como apoyo el caso de Tamar, suponemos y deducimos –siempre como hipótesis– que el matrimonio podía ser la única salida para Dina.

En esta coyuntura, el narrador introduce a sus hermanos carnales maternos, quienes juzgan lo sucedido a Dina como una afrenta personal a su propio honor. Ni en su juicio ni en el plan de venganza contra Siquén contemplan por un momento a su hermana. La cruel venganza, de hecho, corta de raíz toda posible salida para Dina. La «honra» de sus hermanos, que no pueden permitir que traten a su hermana «como a una prostituta», acaba con su dignidad y con su futuro. Dina ya no es virgen, está «usada» y por lo tanto no encontrará marido. Queda reducida al estatuto de hija permanente, es decir, menor y dependiente para siempre. Desde ese momento, Dina desaparece de la narración y de la historia, hasta el punto de que la mayoría de quienes han sido educados siglo tras siglo en el judeocristianismo, cuando mencionan a la tribu de Jacob recitan el nombre del padre y los de sus doce hijos. No queda rastro alguno de Dina, algo insólito entre los patriarcas del Génesis, cuyas mujeres son nombradas como hijas y como esposas.

> Dina ya no es virgen, está «usada» y por lo tanto no encontrará marido.

Es habitual que la mayor parte de la gente no sepa que Dina era hija de Jacob, como lo eran los otros doce hijos. De este modo, la violencia contra Dina por parte de su propia familia se suma a la violación y trasciende el texto a causa de haberla borrado de la memoria. En la narración, esta historia revela la debilidad de Jacob, presente en otros episodios, la violencia y crueldad de sus hermanos, así como los conflictos domésticos y afectivos entre ellos –la historia de José y de Benjamín– y entre las dos esposas del mismo marido y hermanas entre ellas –Lía y Raquel–. Pero la víctima es Dina.

En el ciclo de Jacob se le ha dado una gran importancia a la figura de José, el penúltimo de los hijos y favorito, objeto de las envidias y violencias de sus otros hermanos, pero José, al final, es un héroe cuyo destino y favor divinos han superado los agravios. José, además, pudo saborear su venganza cuando el destino puso en sus manos la vida y el futuro de toda su familia, mientras detentaba un alto cargo en Egipto. El narrador cuenta su historia de violencia en su relación con el padre y los hermanos, sin nombrar siquiera a su hermana. En la historia de la recepción, José es una figura importante tanto en el judaísmo como en el cristianismo –se lo considera figura y tipo de Jesús–. Dina, en cambio, no existe. No hay mayor violencia que cancelar la memoria y la existencia de un personaje a quien el narrador, en un primer momento, le dio estatuto de personaje y lo hizo sujeto activo.

La invisibilidad de Dina

Impresiona lo bien conseguida que está la invisibilidad de Dina. Es preciso repetirlo: sabemos por el Catecismo, la historia sagrada y los estudios teológicos que Jacob tuvo doce hijos. Nos hemos aprendido sus nombres de memoria. Hemos omitido, sistemáticamente, el nombre de Dina, la única hija nombrada en los capítulos que narran los nacimientos de los demás hermanos.

Dina aparece nombrada por primera vez en Gén 30,21. Este capítulo, junto con el 29, está dedicado al nacimiento de la prole de Jacob. El narrador va mostrando los sucesivos nacimientos desde el punto de vista de Lía y Raquel, las mujeres de Jacob. Entre ellas dos y sus esclavas, Bilhá y Zilpa, dan a luz a toda su descendencia. YHWH mismo se pone de parte de Lía, compadecido por ella a causa del aborrecimiento que le tiene su marido, abre su vientre haciéndola fecunda, como ella misma indica en Gén 29,33. A pesar de su fertilidad Lía conserva el deseo obsesivo de que su marido la ame (Gén 29,32.33.34). Envidia el amor de Jacob por su hermana Raquel y cada hijo le sirve de apoyo a su esperanza de llegar a ser amada por él algún día.

Lía, la madre de Dina, tiene otros seis hijos varones. La hija, Dina, es la que hace el número siete. El siete simbolizaba la totalidad, y si Dina es la séptima de los hijos, la madre debe darse por satisfecha y sentirse plena en su maternidad. Pero eso no ocurre. Lía va dando nombre a cada uno de sus hijos «explicando e interpretando» ella misma cada uno de acuerdo con los deseos y circunstancias concretas de su historia. Por ejemplo, al darse cuenta de que su marido la aborrece, dice el texto: «Dio a luz un hijo, a quien puso por nombre Rubén, pues dijo: "Por cuanto YHWH se ha fijado en mi aflicción *(ra'ah beoní*[1]*)*, ahora sí me amará mi marido"» (Gén 29,32). Y lo mismo hace con los demás: Simeón se debe a que Dios ha escucha-

---

[1] La explicación del nombre relaciona algún término hebreo de la experiencia de la mujer con el nombre dado al hijo. En este caso el verbo «ver» que se pronuncia «*ra'*» con la frase «en mi aflicción», «*be'oní*», suena en un cierto parecido a Rubén. Así ocurre con la mayoría de los nombres bíblicos que son explicados o justificados.

do *(sama')* que era menospreciada, Leví se refiere a que su marido se adherirá *(yil-laweh)* a ella, etc. Cuando deja de parir, lleva a su esclava Zilpa al lecho de Jacob para tener más hijos. Los nombres de los hijos que la esclava le va pariendo[2] dejan de hacer referencia al deseo de que su marido la ame. Gad, se llamará así porque para ella es «buena suerte» *(ba-gad),* Aser significa «las hijas me felicitarán» *(isseruni,* Gén 30,12). Después Lía vuelve a tener otros dos hijos y todavía sigue esperando el amor de su marido, como indica la explicación del nombre del sexto: Zabulón *(yizbeleni,* «habitar, cohabitar»), «porque le he dado seis hijos» (30,20). La experiencia de maternidad de Lía, como indican los nombres de sus hijos, está profundamente marcada por el aborrecimiento de su marido y el deseo esperanzado de ser amada por él. Los hijos llevan en sus nombres la experiencia de dolor y de esperanza de la madre.

A continuación (Gén 30,21), el narrador informa de que «después dio a luz una hija a la que llamó Dina». El lector espera una explicación del

---

[2] Hay que saber que en Israel los hijos biológicos de la esclava pertenecían jurídicamente a su dueña, como cualquier otro bien de esclavas y esclavos, pues ellos y ellas no eran nadie ni nada por sí mismos.

Dina es el último nacimiento biológico de Lía, la que cierra el vientre de su madre.

nombre de Dina, según se deduce del comportamiento de la madre con el resto de los hijos. En cambio, Lía no da ninguna explicación. Dina es la séptima, la que debía completar la maternidad de la madre. Sin embargo, no es así porque Dina es una hembra y las mujeres en Israel no entraban en este cómputo de plenitud que expresa el número siete. Tener siete hijos varones revela totalidad. Tener seis hijos y una hija significa incompletitud. La ausencia de explicación del nombre de Dina manifiesta que ningún deseo parece relacionar a la madre con la hija, no hay ninguna explicación de su nombre, ninguna circunstancia especial que vincule la identidad de la hija a la historia de su madre, como ocurría con el resto de los hermanos. Dina supone el último parto biológico de Lía, la que cierra el vientre de su madre. Pero esta, como sigue mostrando su historia, no se da por satisfecha y utilizará otra vez a su esclava para tener más hijos que ofrecerle a su marido. Hijos varones. Y es que una hija no cuenta, no puede constituir el número siete.

Dina, que no entra en el cómputo de la descendencia de Jacob, ni por su parte ni por la de su madre, hubiera pasado totalmente desapercibida de no ser por la desgracia de su violación por Siquén. Luego desaparece de las historias hasta que es nuevamente nombrada en el libro de Judit.

Todo lo precedente se puede interpretar de diferentes maneras. El lector/a puede asumir el punto de vista de la madre y pensar que Dina no tiene importancia, pasando por alto «signos», como por ejemplo el número siete, que sutilmente acompañan su nacimiento, o puede interpretar el nacimiento de Dina como una especial intervención de D*s, dado que es la séptima y con ella su madre puede dar su vida por satisfecha. El lector o lectora, por tanto, puede tener en cuenta a Dina o ignorarla. Si ignorar a Dina significa que ella no tiene importancia, es una equivocación evidente. El capítulo 34 dice hasta qué punto hay que contar con ella. La elección del punto de vista del lector queda abierta a la historia de su violación. Por eso es conveniente hacer un zum y centrar el análisis en ella.

Violación de Dina

Recordemos una vez más cómo se abre la historia: Dina sale con el propósito de ver a las mujeres del país. Pero Siquén, el hijo del jefe de la ciudad, la ve primero. Se narran, así, dos modos de ver, dos formas de percibir. El texto dice: «Siquén, hijo de Jamor el *hiwweo*, príncipe del país, la vio, la cogió, se acostó con ella y la violó» (Gén 34,2). Cuatro acciones, cuatro verbos, o más bien solo uno seguido de tres: «la vio».

Hay un fuerte contraste entre las acciones de Siquén y la única acción de Dina. Dina sale, pero no puede realizar su propósito porque ella, que pretende «ver», «es vista». Cae bajo la mirada posesiva, impulsiva, incontrolada y violenta de un hombre.

El varón poderoso, «hijo de dioses», ve a la mujer y la ve como puro objeto de su –supuesto– incontrolable deseo (Gén 6,1-4). Hay dos miradas, dos formas de ver. Ver como poder sobre lo visto y ver como capacidad para comunicarse. Hay una manera de ver que coloca lo visto como puro objeto y una manera de ver que coloca lo visto como sujeto. O, lo que es lo mismo, hay un modo de ver que degrada y un modo de ver que conoce y reconoce. Hay una forma de ver que violenta y viola y otra forma de ver que desarrolla las relaciones y la convivencia. Un hombre, Siquén, ve a una mujer. Una mujer, Dina, desea ver a otras mujeres. La historia cuenta que lo primero impide lo segundo.

La acción de ver de Dina ha sido interpretada por los comentaristas varones de distintas maneras. Para unos, el querer ver de Dina obedece a esa curiosidad de las mujeres que les acarrea malas consecuencias, esa curiosidad de la que Ben Sira advierte siglos más tarde (Si 42,11-12) «sobre una hija desenvuelta refuerza la vigilancia, no sea que te convierta en escarnio para los enemigos, comidilla en la ciudad y motivo de reunión del pueblo y te cubra de vergüenza ante la multitud». Luis Alonso Schökel dice que esta advertencia llegó tarde para ella. Otros, opinan distinto. Marco Adinolfi asegura que las mujeres no quedaron confinadas en la casa hasta la época –tardía– de los macabeos. Gozaban de cierta libertad: hablaban con los hom-

bres (Gén 24,15-21; 29,11-12; 1Sam 9,11-13), iban a por agua al pozo (Gén 24,13; 1Sam 9,1), salían a apacentar el rebaño (Gén 29,6) o a recoger espigas tras los segadores (Rut 2,3). Por su parte, Bruce Malina cree que en el caso de las historias de los patriarcas predomina lo que él llama una «estrategia matrimonial conciliadora», que en el caso de Dina aparece todavía en la perspectiva de Jacob, como indica su tensión con los hijos al final de la historia, sus intentos de ceder al casamiento de Dina con Siquén y la maldición en Gén 49,5-7 a los hermanos de Dina por vengarla. Esta estrategia, según este autor, se caracterizaba por la «hospitalidad sexual», especialmente si se trataba de alguien de más alta posición social, en beneficio del esposo. La historia de Dina, según Malina, marca el cambio de la estrategia conciliadora a la estrategia agresiva que predominará posteriormente. Y, en efecto, resulta extraño que se califique negativamente la salida de la muchacha a ver a otras mujeres de un lugar desconocido, cuando, como queda indicado, en el tiempo de los patriarcas del Génesis las mujeres gozaban de más libertad de movimiento. A partir del ciclo de Jacob es evidente que se produce un cambio notable. Resulta extraño, también,

29

que pueda culparse a la hija de Jacob en lugar de a los varones, que desencadenan una durísima espiral de violencia, y que la represión recaiga sobre las mujeres en lugar de seguir el hilo mínimamente crítico de Jacob ante la violencia desmesurada de sus hijos y sus enormes y fatales consecuencias dentro y fuera de la familia. En parte, esta extrañeza queda explicada en la historia de Jacob al presentarlo narrativamente como un hombre débil y a merced de sus afectos, sin medir las consecuencias. Pero se trata de una explicación insuficiente.

A continuación, inmediatamente desaparece Dina y es sustituida, también de inmediato, por el protagonismo masculino originando, en efecto, un cambio significativo en la historia de Gén 34 e incluso en el ciclo de Jacob. Dicha sustitución se produce en el primer movimiento de Dina. Donde ella quiere ver y actúa con dicho objetivo –«sale»–, en seguida leemos que Siquén la vio. Cuando aparece Siquén y la ve (v. 2), Dina pasa de ser sujeto de acciones –verbos–, a ser objeto gramatical (v. 2). En su posición narrativa de objeto, Siquén la fuerza. El deseo de Dina no indica ningún interés sexual. Pero Siquén, hijo del jefe de la ciudad, que la ve primero, sí lo tiene, según se deriva de la secuencia rapidísima de los tres verbos que completan su intención: «Siquén, hijo de Jamor el *hiwweo*, príncipe del país, la vio, la cogió, se acostó con ella y la violó» (Gén 34,2). Tres verbos, tres acciones derivadas de la primera: «la vio». Mientras que el primer verbo: «la tomó» *(lqj)*, es de fácil interpretación, el segundo: «*scb*», «se acostó» en lugar de estar vinculado a la preposición «con», prescinde de ella. Lo normal habría sido escribir: «se acostó/yació con ella», pero el texto dice literalmente: «se acostó ella», sin la preposición, corroborando la condición de objeto de Dina a que la reduce Siquén y la ansiedad de este mismo por apoderarse del objeto de su deseo. Queda clara la ausencia de consentimiento de la muchacha.

La traducción griega de los Setenta suaviza la rudeza y el realismo del texto hebreo añadiendo la preposición: «se acostó con ella», dando a entender que hubo consentimiento por parte de Dina y, lamentablemente, traicionando un punto crucial de la narración hebrea que indica que Siquén forzó a la joven. El tercer verbo –«*'nh*» en piel–, «violar», también ha sido problemático para los biblistas. Los clásicos no dudan en traducirlo sin paliativos: «la violó», seguidos por muchos biblistas

La cosificación y ausencia de consentimiento de Dina. actuales, aunque no todos, pues algunos dudan de si puede comprenderse como un acto de seducción, de acuerdo con Dt 22,13-29.

Aquí, entendemos la secuencia de verbos de forma similar a una modalidad de la sintaxis hebrea en la que dos verbos son usados para describir una única actividad. Esta modalidad sintáctica se llama «hendíadis».

La secuencia verbal, además, muestra un incremento en la violencia posterior a la acción de ver a Dina por parte de Siquén: la cogió, la forzó y la violó. En definitiva: Siquén vio a la muchacha y la violó. Esta violación, tan visualmente descrita, muestra claramente, no nos importa reiterarlo, la cosificación y ausencia de consentimiento de Dina.

A partir de este análisis, el verbo «*dbq*», que hemos traducido aquí por «aficionarse», pero que a menudo se traduce y entiende como «enamorarse», resulta difícil entenderlo como amor. Susanne Scholz ha analizado pormenorizadamente el versículo 3 y, particularmente, las posibilidades de traducción de las frases siguientes, concluyendo que tanto el verbo como los sentimientos expresados

por Siquén, solo se refieren a la cercanía propia del deseo por Dina: «su deseo permaneció cerca de Dina, la hija de Jacob», más próximo a «codiciar» que a «amar», tal como aparece el verbo en otros textos hebreos.

La trama se complica con este último verbo, pues entran en escena los sentimientos de Siquén que, supuestamente, como dicen algunas traducciones, se enamora de Dina y ese amor le lleva a pedirla por esposa. Este narrador, que se ocupa de los sentimientos de un extranjero como Siquén –que sirven a la acción en la precipitación de los hechos que siguen– no parece ocuparse para nada de la reacción, sentimientos y situación en que ha quedado Dina. Esta historia, en efecto, no es una historia de mujeres. Es una historia de varones escudados en la violencia contra una mujer, para legitimar sus mutuos enfrentamientos, sus luchas de poder y honores masculinos. Una vez más son ellos los que se miden entre sí utilizando como excusa a una mujer. Por todo ello ¿podemos traducir el verbo «*dbq*» como «enamoramiento» después de leer la secuencia compulsiva de las acciones del violador? El verbo podríamos traducirlo libremente hoy por un «deseo ardiente y obsesivo». En las negociaciones que tienen lugar a partir de este momento para casar a Siquén con Dina no se le da a ella palabra alguna, pues está considerada objeto de intercambio y sus sentimientos y opiniones no tienen cabida. Puede parecer lo normal, según la idea que tenemos de dichas transacciones en la antigüedad y en la Biblia misma, pero no lo es si venimos leyendo esta historia desde las anteriores de los ciclos patriarcales en donde las mujeres son tenidas en cuenta –siempre hasta cierto punto– en sus matrimonios.

Esta historia, que parecería protagonizada por Dina, en realidad solo habla de ella de modo indirecto, una vez que el narrador ha propuesto el primer movimiento activo de la joven como desencadenante de todo lo que sigue. Permite que los lectores puedan percibir que ella es la «causa» de todo cuanto sucede, el punto central de la acción, como si el resto de las acciones fueran fatalmente inevitables: ella, foco del deseo, la violencia y luego la afección de Siquén. Ella, objeto de las negociaciones entre Jamor y Jacob y sus pueblos respectivos. Ella, razón del engaño y el crimen de sus hermanos. Ella, causa de la tensión y desencuentro entre Jacob y sus hijos. Nada más lejos de su historia.

Esta presencia y centralidad, en efecto, es engañosa pues, como hemos visto, Dina apenas accede a la condición de personaje narrativo. Es desconocida

Dina no tiene voz propia, no dialoga ni habla ni se expresa.

para el lector, al que no se ha informado siquiera del significado de su nombre, pero Dina sirve al narrador para que el lector o lectora acceda a otros personajes, a sus mundos internos, a sus intenciones, sus relaciones, sus acciones, etc. El resto de los personajes salen a la luz gracias a ella, es decir, gracias a que el narrador la deja en la sombra, pues solo si permanece ocultada, el lector puede ver a los otros personajes. Si dicho lector o lectora queda enganchado/a en esta trampa perpetuará la injusticia estructural que supone esta relación entre lo visible y lo invisible, la sombra y la luz, porque el mundo de los varones seguirá siendo el mundo de la luz mientras el de las mujeres siga siendo el de las sombras.

Dina no tiene voz propia, no dialoga ni habla ni se expresa, como habían hecho hasta ese momento las mujeres de los patriarcas. No sabemos de su humillación, temores, esperanzas, futuro, mientras, por el contrario, conocemos el futuro de los doce hijos varones de Jacob. Nadie le pide permiso para su matrimonio, como, por ejemplo, le había sucedido a Rebeca. El relato se ocupa de los varones que controlan la vida y la sexualidad de Dina. No se ocupa de su vida ni de su sexualidad. Ambos grupos, su familia y los extranjeros, se miden entre sí para apropiarse de ella. La sexualidad de Dina es utilizada como cebo.

Dina está sin estar en una paradoja de presencia ausente. La paradoja propia de los excluidos y excluidas que subyace al mundo narrativo de Dina y también al nuestro. La aparente presencia de los excluidos/as, en diagonal, desvía nuestra atención hacia aquellos que realmente se hacen presentes. Esto solo tiene sentido gracias a la relación necesaria entre presencia y ausencia, visible e invisible. Prestando atención a lo que se hace, se organiza, se dice sobre los excluidos y excluidas, desviamos, paradójicamente, nuestra atención de ellos y los mantenemos ausentes. Así justificamos su ausencia real.

La historia de Dina, que no es su historia, sino la de sus hermanos, es decir, la de la primera generación del clan de Jacob que ha supuesto un enorme cambio en su relación con las mujeres de los patriarcas, puede iluminar los supuestos en los que se asienta nuestra lógica que, repetimos, se parece mucho a la lógica del narrador: justificar la ausencia con la pretendida presencia; desviar la atención constantemente hacia la presencia para, contando con la ausencia, no ocuparse de ella. No es otra, que la lógica estructural del sistema patriarcal.

Al lector o lectora actual podemos pedirle que aprenda la estrategia que relaciona lo visible con lo invisible en esta historia para rebelarse contra ella. No se trata solo de entenderla desde los presupuestos históricos y culturales de su tiempo, que no deja de ser necesario e interesante, aunque también puede constituirse en una trampa que satisfaga la mera curiosidad, porque aquella cultura no nos concierne ni podemos cambiarla. Se trata de comprenderla para, cada cual en su medida, impedir su repetición.

Interpretaciones
de la violación de Dina

La primera interpretación de la violación de Dina es la ausencia de reacción de Lía, su madre. El narrador, a partir de ese punto ya no se ocupa de las madres, sino solo de Jacob, el padre, que pasará a llamarse Israel identificando al jefe del clan con el nombre del pueblo –como ocurre con Siquén–. Este vacío de mujeres y, concretamente de la madre, que solo es susceptible de ser interpretado, impacta al público lector actual si lee con atención y sentido crítico.

Las mujeres de Jacob tienen palabra y toman decisiones sobre sus hijos, sobre todo cuando nacen y les ponen nombre, con la sola excepción de Dina, la única hija. Y, a partir de ella, casi dejan de ser protagonistas y sujetos narrativos con acciones y decisiones. En el capítulo 35 el narrador registra la muerte de Débora, nodriza de Rebeca y en el mismo capítulo se narra brevemente la muerte de Raquel al dar a luz a Benjamín, a quien puso de nombre Benoní, aclarando que significa «hijo de mi desdicha», pero a quien Jacob le dio la vuelta y llamó Benjamín, «hijo de mi buena suerte». En el capítulo 37, que comienza con la historia de José, el narrador lo presenta como el hijo preferido de Jacob sin nombrar a su madre Raquel a quien, supuestamente, Jacob había amado tanto y de la que anheló tanto tener un hijo. Las mujeres del ciclo de Jacob prácticamente desaparecen a partir del episodio de Dina. Nadie cuenta qué pudo significar para Lía la violación de su única hija. Tampoco, repetimos, se narra lo que supone para la misma Dina, pues el narrador no está interesado en narrar su experiencia. En cambio, cuenta pormenorizadamente el encadenamiento de reacciones de otros protagonistas.

El padre, Jacob, considera que ella ha sido profanada. La violación, por tanto, significa para él profanación y contaminación, como indica «*timne'*», el término hebreo utilizado. Pero la violación supone para Jacob, sobre todo, una posibilidad de negocio rentable con los extranjeros.

Los hermanos de madre –hijos de Lía– consideran la acción de Siquén una «*nebalah*» o «des-

honra» contra Israel, es decir, contra el padre y contra el clan. Ellos sustituyen a Dina por el clan y la familia. Y el honor de la hermana es sustituido por el honor de Israel. El narrador dice que ellos, al saber lo ocurrido, se indignaron y encolerizaron muchísimo. El público lector u oyente podría esperar que esta reacción fuera debida a la acción cometida contra su hermana, pero en realidad se debe al honor deshonrado de Israel. La violación será para ellos motivo de engaño y crimen. Gracias a la violación de la hermana, los hermanos convierten a los extranjeros en enemigos y en motivo de victoria sobre ellos. Pero para los hermanos de madre de Dina, esta violación será también ocasión de desquite y venganza contra su mismo padre.

El violador, Siquén, según la perspectiva del narrador que es, no debemos olvidarlo, perspectiva patriarcal, parece considerar su acción como algo reprobable, pero suavizada por la supuesta pasión que el violador siente después por la víctima.

Para el padre del violador la acción del hijo es una posibilidad de expansión de su clan y en esto coincide con Jacob. Jamor, irónicamente, considera que Jacob y sus hijos son un pueblo pacífico con el que merece la pena emparentar, del mis-

Las intenciones de venganza de los hermanos de Dina contra Siquén y su pueblo.

mo modo que para el pueblo del violador, el acto de Siquén abre una nueva perspectiva de mezcla de razas e intercambio de posibilidades.

Y, por último, para el narrador la violación de Dina es, primero, la acción neutra de *acostarse* Siquén con ella y, luego, una violación que, en hebreo, significa literalmente «*ser doblado, ser afligido*». El narrador, utiliza el mismo verbo (*'nh*) que será usado más adelante en el libro del Éxodo para referirse a la opresión del pueblo hebreo en Egipto. El narrador también utiliza el verbo «violar», «*'nh*», en su significado de «engañar», para referirse a las intenciones de venganza de los hermanos de Dina contra Siquén y su pueblo. Quizás por este trasfondo podemos sugerir que el narrador hace una crítica implícita al acto mismo y a sus consecuencias, es decir, al giro que toma la historia de los patriarcas a partir de este punto.

El lector, por su parte, queda invitado implícitamente a tomar postura, siguiendo las claves con que el narrador le ha ido surtiendo, como queda visto, para que pueda elegir. Un narrador que, con la sobriedad de su relato inicial de los hechos, no pretende sustituir lo que debe ser tarea y compromiso del lector mismo. El narrador no presenta claramente el juicio que le merece el acto de violación de Dina, es cierto. Pero establece sutilmente, en cambio, una valoración comparativa entre la moralidad del pueblo de Jamor y Siquén y la de los hermanos de Dina.

La historia de Dina forma una inclusión, es decir, relaciona principio y final con elementos similares. Comienza con la violación y termina con una especie de castración del pueblo del violador. El pene del pueblo que ha violado y manchado a una hija de Jacob es castrado para siempre en una muerte violenta cuando los varones estaban doloridos a causa de la circuncisión. No es una cuestión meramente personal. Trasciende de personajes a pueblos. Con ello, el narrador indica el juicio implícito que le merecen a Israel los pueblos extranjeros, violadores en acto o potenciales de sus hijas, pretendiendo así justificar una cierta endogamia.

A la vez, utilizando, como queda dicho, el mismo verbo «violar» en su significado de «engañar» para referirse a las intenciones de los hermanos de Dina de vengar el agravio, deja ver que, en su perspectiva, estos no son mejores que el mismo Siquén, sino tan violadores respecto a su hermana, como lo había sido él. Los hermanos, en efecto, cierran a Dina la única salida de futuro que le queda. La convierten, entonces, en una *hija* para siempre.

Dina, hija (dependiente) para siempre

La negativa del padre y los hermanos de Dina al matrimonio de su hija y hermana la recluye en la casa paterna bajo el estatuto permanente de hija. Dicho estatuto en la Biblia es siempre problemático. Dina lo inaugura como primera hija a perpetuidad. Las hijas, como quedaba dicho, según el libro del Sirácida, constituyen una continua carga para el padre, «la preocupación por ella le quita el sueño; en su juventud, de miedo a que le pase la flor de la edad; si casada, de miedo a que la repudien. Cuando es virgen, no vaya a ser deshonrada y quede encinta en la casa paterna; si tiene marido, no vaya a ofenderle; si casada, no vaya a ser estéril» (Si 42,9-11). Desde el punto de vista masculino y del patriarcado, solo se alivia la carga del padre cuando la hija queda bien casada y puede responder a las expectativas de su familia y de su cultura.

La consideran una impureza social y ritual, una mancha para la familia.

Pero si asumimos la perspectiva de la hija las cosas son más complejas. Una hija, en general, vive siendo consciente de que un día será arrancada de sus raíces para entrar en una familia extraña en la que no se integrará del todo hasta que dé a luz un varón, pues con ese nacimiento podrá asentarse completamente en la familia del marido. Pero, aun en este caso, que es el mejor posible, ella siempre formará parte de la periferia de la familia por doble partida: en cuanto mujer y en cuanto ajena.

La violación de Dina, que podía haber terminado en un pacto social favorable para ella, no es la causa de su perpetuo estatuto de hija, del estancamiento en su crecimiento e integración social. La causa es la interpretación de sus hermanos, que la consideran una impureza social y ritual, una mancha para la familia. Tal interpretación le imposibilita la salida más airosa de su traumática situación. Su familia es quien la confina en la casa, le cierra el vientre, le impide acceder al estatuto de adulta y la que, irónicamente, a través de su recuperación del rapto en la casa de Siquén, la secuestran en la propia. En ella, la hija soltera y mancillada es condenada al ocultamiento, al servicio y servidumbre de la familia, a una condición de menor y dependiente. Es una condenada en vida.

El lector podría preguntarse, ante todo esto, dónde reside la verdadera problemática que conduce a la venganza de los hermanos de Dina. Es altamente probable que la venganza de los hermanos contra Siquén y su pueblo, sea, a la par, una venganza contra su padre. Resumamos algunos hechos de la historia de Jacob y de sus hijos.

Jacob tiene dos esposas, Lía y Raquel. Ama profundamente a Raquel y aborrece a Lía. Lía, como ya vimos en su momento, le dio a su marido muchos hijos con la esperanza de que él acabará amándola por esta causa. En cambio, Raquel es estéril y, cuando Dios «se acuerda de ella y le abre el vientre», tiene dos hijos, José y Benjamín, pero muere al dar a luz a Benjamín y Jacob siente una tristeza inconsolable por esta pérdida.

El lector, viendo la fuerte reacción de Jacob por la muerte de Raquel, puede extrañarle que, como padre de Dina, no reaccione ante la violación de su hija. De hecho, no hace ni dice nada hasta que los hijos no regresan por la tarde de su trabajo en el campo. Estos, en cambio, dice la narración, se encolerizaron y enojaron muchísimo. En las negociaciones entre las dos familias, tanto en palabras del narrador, como en las de los hermanos, se repite la expresión «hija de Jacob, deshonra de Israel». El narrador juega con el doble significado de la palabra «Israel», nombre de Jacob y nombre del clan. El lector, ante estos indicios, puede sospechar que los hermanos reaccionan no solo ante el hecho de la violación de Dina, sino también ante la falta de reacción de su padre Jacob. Así parece deducirse de la pregunta con la que contestan cuando Jacob, enojado, les regaña por la matanza realizada, ya que a causa de ella se hará odioso ante los otros pueblos.

Rubén, Simeón y Leví, hermanos de madre de la víctima, se dan cuenta de que la violación de Dina no suscita en su padre la normal reacción esperable en un caso así. Dina es la hija de Lía, la aborrecida. Los hijos, entonces, profundamente agraviados, traman la venganza contra Siquén, a espaldas de su padre y sabiendo que pueden acarrearle a él un severo inconveniente.

Ahora puede entender mejor el lector la importancia de la frase con la que el narrador comienza

esta historia: «Dina, la hija que Lía parió a Jacob».
Dina, la hija, queda a merced de los complejos sentimientos y reacciones de los varones entre sí. Ella es la hija de la esposa aborrecida. Deshonrada y privada de futuro, carece de identidad.

El relato, decíamos, termina con una pregunta de los hermanos de Dina a su padre: «¿acaso se podía tratar a nuestra hermana como a una prostituta?». Una pregunta tan abierta y desafiante que requiere la atención del lector y le conduce a preguntarse sobre su función en el relato y en el contexto[1].

---

[1] La mayoría de los autores califican esta pregunta de retórica. Hay razones narrativas para suponer que no lo es.

Como si fuera prostituta

La historia de Dina termina, pero la pregunta no se ha respondido. El lector queda invitado, implícitamente, a comprometerse con la respuesta.

En dicha pregunta, los hermanos «ofendidos» dicen que su hermana ha sido tratada como una «*zonah*», una «prostituta». Con ello queda en evidencia otra interpretación de los varones sobre la sexualidad femenina.

¿Qué significa la pregunta? ¿Significa que a las prostitutas hay que violarlas?, ¿que las prostitutas son mujeres violadas?, ¿que toda sexualidad que cae en la irregularidad social e institucional es calificada de prostitución? Estas preguntas sobre «la pregunta» son pertinentes en el contexto narrativo de la historia de Dina y también en nuestro contexto sociocultural. ¿No recuerda la pregunta la exculpación social, tan corriente en nuestros días, ante los agravios que sufren las prostitutas, los malos tratos que se les da, la reticencia de la policía a creerlas o defenderlas, la justificación que se hace de los crímenes que se cometen contra ellas...?

Más aún: esta pregunta que suscita tantas otras pone el dedo en la llaga de un problema sujeto a fuerte debate en la actualidad, un problema que mantiene abierta una sima entre facciones feministas cuyo cierre no depende de que una de las partes ceda, pues se trata de una pregunta radical: ¿abolicionismo o negociación de la prostitución? El sistema patriarcal neoliberal siempre elegirá la negociación –regulación laboral, mejora de condiciones de todo tipo de las «trabajadoras sexuales», persecución de la trata...– porque es la única propuesta que le resulta rentable en todas sus dimensiones. Las feministas no abolicionistas se alían más o menos conscientemente con el neoliberalismo al considerar la regulación un asunto de libertad de elección y/o un mal menor. Las abolicionistas tienen una perspectiva de raíz, es decir, radical, al considerar el comercio con el sexo de las mujeres –y cada vez más del varón y de los y las menores– una afrenta completa a la dignidad y condición humana de las prostituidas. En este senti-do estamos ante posturas

Dina no es una mujer que comercia con su sexo.

irreconciliables, que, en el caso de las abolicionis-tas no admite grados. Se trata de un problema muy serio y también muy complejo.

La respuesta implícita del narrador a la pregun-ta de los hermanos de Dina es crítica y puede ser interpretada de modo negativo. Es una pregunta abierta no respondida directamente, pero cerrada por la respuesta indirecta de la historia y sus con-secuencias en su totalidad. También es una pre-gunta tramposa, de acuerdo con la comprensión que aquella sociedad y época tenían de la prosti-tución.

De hecho, en la pregunta final de la historia el término «prostituta» no está tomado en su sen-tido estricto. Dina no es una mujer que comercia con su sexo. Tampoco Siquén la ha tratado así, aun-que está claro que los hijos de Jacob han entendido como comercio el «*mohar*» («dote para la fami-lia», Gén 34,12) y los dones a la misma prometi-da que Jamor ha estado negociando con Jacob. O

¿se refiere la pregunta a Jacob que, al negociar, la está tratando a ella, su hija, pero «hermana» de los otros hijos, como una prostituta? La pregunta se abre a diferentes interpretaciones, pero el contexto y múltiples indicios, como acabamos de ver, apuntan a emociones hostiles de los hijos contra el padre que, permitiendo negociar con la hija deshonrada y enfadándose porque la matanza del pueblo no ha permitido tales negocios, ha tratado a Dina como «una prostituta».

¿Se puede negar que tienen algo de razón?, ¿acaso Jacob no ha querido aprovechar la coyuntura para *negociar?*, ¿no implica que se negocia con la sexualidad de la hija?, ¿es acaso extraño este tratamiento a otras culturas?

Pero esta misma impropiedad del tratamiento como prostituta sin serlo, a pesar de la interpretación de los hermanos, abre, en otro nivel, un interesante ámbito de discusión sobre la interpretación de la sexualidad femenina en la familia patriarcal y, en particular, permite indagar sobre las relaciones entre prostitución y violación.

Muchas de las prostitutas en Israel y en otros pueblos de la antigüedad debían su profesión a una violación. Una vez deshonrada, la mujer difícilmente era adquirida por un varón como esposa legítima. Las salidas eran o quedarse para siempre en la casa paterna o no volver a ella para no sufrir la vergüenza perpetua que recae sobre su deshonra y la de su casa. Algunas, entonces, se dedicaban a la prostitución como forma de vida y salida desesperada a una situación irreversible. En este caso la prostitución deriva de la violación. Pero, como la violencia llama a la violencia, no era extraño –como no lo es en la actualidad– que las prostitutas, consideradas el desecho de la sociedad, continuaran siendo maltratadas físicamente. Un varón no se sentía con obligación alguna para con una prostituta. Podía tratarla como quisiera, violarla y maltratarla físicamente. Violencia y violación andaban juntas.

Pero también era considerada prostitución, en sentido general, toda conducta sexual irregular de las mujeres. De este modo, la interpretación de tal o cual mujer como «*zonah*», por su conducta sexual desviada de las normas sociales o culturales, habla más del control masculino de la sexualidad femenina y de su propia sexualidad, que del mundo sexual real de las mismas mujeres. De ellas, en realidad, sabemos muy poco.

La pregunta abierta de los hermanos de Dina dice más de ellos, de sus dificultades para resolver los conflictos emotivos entre sí y de su concepción de la mujer, la sexualidad femenina y la honra del clan, que de la misma sexualidad de Dina, de las prostitutas o de las mujeres de conductas sexuales irregulares según el código vigente en la propia cultura. En realidad, Dina sigue siendo, simplemente, la excusa.

Recepción actual de Dina

La escasa cultura bíblica de nuestro entorno y la progresiva ignorancia de la Biblia, siquiera como obra literaria configuradora de buena parte de la identidad de lo que hemos llamado «Occidente», no auguran un conocimiento del personaje de Dina ni su recepción.

Ya en la Biblia apenas encontramos eco, salvo la evocación de este episodio en Jdt 9,2-4, cuando la protagonista se prepara para enfrentarse al enemigo que asedia Betulia. La plegaria de Judit invoca al D*s que, mediante Simeón, el primer hijo de Jacob, venga las afrentas hechas a una joven desflorada y deshonrada violentamente. La protagonista utiliza un lenguaje duro y violento contra los extranjeros. En esta parte de su oración, Judit identifica al violador de su pueblo con Siquén, el violador de Dina, y su clan, estableciendo un paralelismo implícito entre la situación de vulnerabilidad en la que Holofernes ha dejado a Betulia y a ella misma, con la vulnerabilidad en que Siquén dejó a Dina. Ambos, Holofernes y Siquén, son considerados extranjeros opresores respeto a Betulia y a la tribu de Jacob. Se trata de una reinterpretación parcial y sesgada por parte del autor que pone esas palabras en boca de Judit, pero es cierto que recupera un dato y un personaje olvidados de la historia del pueblo. Un dato y un personaje borrados. La reinterpretación utiliza los estereotipos de género para justificar la acción inusual que llevará a cabo Judit, es decir, una mujer, compensando implícitamente la casi total eliminación del personaje de Dina con el protagonismo valiente y guerrero de Judit.

En siglos posteriores de nuestra historia existen pocas representaciones pictóricas y estas se centran básicamente en el rapto de la muchacha y la venganza de los hermanos. En el siglo XX encontramos en el plano literario *La tienda roja*, una novela de la judía norteamericana Anita Diamant, que, a su vez, fue adaptada a una miniserie televisiva de dos capítulos largos que lleva el mismo título. La novela de Diamant recrea la historia de las cuatro mujeres de Jacob mediante la narración en primera persona de Dina, hija de Lía que se siente afortunada de tener cuatro madres. La primera parte narra la historia de sus madres, la segunda cuenta su relación amorosa con Siquén y su deseo esperanzado de ese matrimonio pactado a la fuerza, hasta la traición de sus hermanos y la tragedia de la masacre de todo el pueblo siquemita. La tercera parte sitúa a Dina en Egipto donde consigue vengarse de Jacob y sus hermanos. Pese a ser la parte más inventada de toda la novela, consigue reflejar aspectos de los hijos de Jacob que se deducen de los relatos del ciclo de Jacob en el Génesis, sobre todo de José con quien supuestamente Dina había tenido una relación más cercana en la infancia, que acabó en una distancia entre ambos hermanos a partir de los sucesos y de sus consecuencias. La novela termina con una genealogía de Dina hacia atrás –sus ancestros, es decir, sus madres– y hacia delante, con sus descendientes.

Lo más significativo es la interpretación de Diamant del verbo, que aquí hemos traducido por «violar». La autora propone la agresión de un modo más suave y entendida como una relación irregular, producto del enamoramiento de Siquén al que va correspondiendo Dina, deseosa de casarse con él. La novela mantiene la idea de deshonra por la parte masculina de su familia. Esta interpretación cambia por completo la historia de Dina, y elimina la parte más cruda y también la más crítica. La novela suele clasificarse como novela histórica, con sus licencias literarias, completamente legítimas, comprensibles y aceptables. Igualmente puede decirse de la serie de televisión que privilegia la relación fraterna entre Dina y José, a diferencia de la establecida en la narración de Diamant.

La obra escrita y cinematográfica sobre Dina ha dado a conocer el personaje a un público amplio. No obstante, debido al escaso conocimiento que ese mismo público, en sentido general, tiene de la Biblia, esta reinterpretación no ayuda precisamente a entender la problemática planteada en la historia bíblica, ni su potente contenido crítico relativo a las mujeres y al sistema patriarcal.

Conclusión

El nombre de Dina en hebreo significa «juzgar». A primera vista resulta incongruente, particularmente si nos referimos a su contexto inmediato. Si, por el contrario, miramos toda la historia de la protagonista y, más aún, la más amplia del ciclo de Jacob y observamos el cambio del que hemos hablado anteriormente, este significado es crucial. La historia de Dina, en efecto, juzga todo el ciclo, pues no debemos olvidar las palabras finales de Jacob a sus hijos en su lecho de muerte: «Simeón y Leví son hermanos / astucia y violencia son sus armas; / no participaré en sus reuniones, / ni comprometeré mi honra / acompañándolos, / porque en su furor mataron hombres, / y en su crueldad desjarretaron toros. / Maldita su ira tan violenta, / y su furor tan cruel. / Yo los dividiré en Jacob, / los dispersaré en Israel» (Gén 49,5-7). Aunque es un verbo activo, no es ella la que como sujeto en primera persona juzga, sino que lo hace su historia. Son su vida y lo que hacen con ella los demás lo que se convierte en juicio. Y, dentro de su breve vida, son sin duda la violación de Siquén y la reacción de sus hermanos las acciones juzgadas por Dina. Entendido todo ello en un sentido amplio y actualizado, podemos decir que la violencia contra las mujeres, especialmente la violencia sexual, se convierte en juicio permanente sobre toda la sociedad, sobre el sistema que no solo lo permite, sino que lo incita, lo alimenta y obtiene beneficio de ella. Es un duro juicio contra el patriarcado, un juicio que se extiende continuamente sobre sus consecuencias.

Esquema visual

DINA
Violada y borrada

12 hijos de Jacob
— Raquel y Lía —

Dina, hija

cultura de la violación

abuso sexual

trabajo sexual

culpa

poder

duda

micromachismos

campamento familiar

ver–ser vista

Siguen: violación

¿honor–matrimonio?

Jacob: espera

Rubén y Leví: venganza

muerte y botín

imagen externa

ver–tomar–violar

matrimonio

venganza

violada y borrada

• Dina: objeto pasivo • distintos tipos de violencia • víctima •

Jacob: débil

Raquel y Lía: disputas

hermanos: crueldad

INVISIBLE

Raquel   Lía

Dios atiende a Lía

6 varones = compasión escucha

~~7~~ Dina = ¿?
plenitud, incompleto

VIOLACIÓN

ver—comunicación
—reconocer—

ver—posesión
—degradar—

negocio

deshonra

cosificación

no habla

¿emociones?

no cuenta

patriarcal

DEPENDENCIA

reclusión paterna   no cumple expectativas

¿PROSTITUCIÓN?

poder

comercio   negocio

control

visión   masculina

deshonra

y matrimonio

Para el trabajo individual

- Lee la historia de Dina en Gén 34 y escribe tus impresiones. Luego, relee lo que has escrito y reflexiona sobre la historia y sobre tu propia reacción.

- Piensa detenidamente en nuestra «cultura de la violación»: describe sus síntomas y signos y toma conciencia de tu posible complicidad, más o menos consciente, con el sistema. Saca conclusiones.

- ¿Has conocido a alguna adolescente, joven o adulta que haya sido violada?, ¿cuál ha sido tu reacción? Y, en caso de que no hayas conocido a nadie cercano a ti, pero hayas seguido las noticias de violaciones a menores y adolescentes, piensa cuál puede ser tu contribución constructiva.

- Compara la historia de Dina con algunos de los casos de violaciones más mediáticos y observa las semejanzas y diferencias. Escríbelas.

- Detente con tiempo suficiente en el borrado de Dina y de tantas otras mujeres violadas. En las consecuencias para la memoria colectiva de las mujeres y de la humanidad, en la correlación –escondida– entre el sutil o descarado borrado de las mujeres y el incremento del machismo, de la violencia sexual, de la trata, de la pornografía.

Dinámica grupal

Aunque el tema se presta a muchas y variadas dinámicas, propongo dos de carácter distinto. Se puede elegir una o bien llevarlas a cabo ambas si el grupo lo decide.

- La primera consiste en un cinefórum en el grupo de trabajo o de análisis con la miniserie *La tienda roja*.
  - Alguna persona elabora la ficha técnica de la película y procura que cada miembro del grupo tenga una copia.
  - Todos los miembros del grupo ven la miniserie y buscan una fecha para realizar la sesión de cinefórum.
  - Sugerencias para la sesión de cinefórum:
    - Comentario de su valor cinematográfico y sus críticas artísticas.
    - Comparación con la historia narrada en Gén 34: semejanzas, licencias del guion y cambios que produce en el conjunto.

- Elementos destacables en el planteamiento y resolución de la violación de Dina y de la venganza de los hermanos. Dimensión social y política de la violencia ejercida sobre las mujeres y de la violencia de la venganza por un «delito contra el honor», etc.

- La segunda propuesta consiste en realizar un psicodrama o, en todo caso, una dramatización de alguna parte de la historia de Dina en Gén 34, dándole voz al personaje y capacidad para tomar sus propias decisiones. Por ejemplo: reacción inicial, diálogo con su madre, diálogo con sus hermanos, enfrentamiento con el violador, expresión de sus sentimientos...

- Elegid personajes y repartidlos.

- Un observador/a –mejor si son dos– que observe cuanto ocurra en la escena, las reacciones, los bloqueos, los cambios en los personajes, el final… y tome nota de todo.

- Comentad primero la experiencia de cada cual en la interpretación de su personaje y luego escuchad las anotaciones de los observadores.

- Llegad a conclusiones concretas sobre la experiencia completa de la dramatización.

Rutinas de pensamiento

CONECTAR, AMPLIAR,

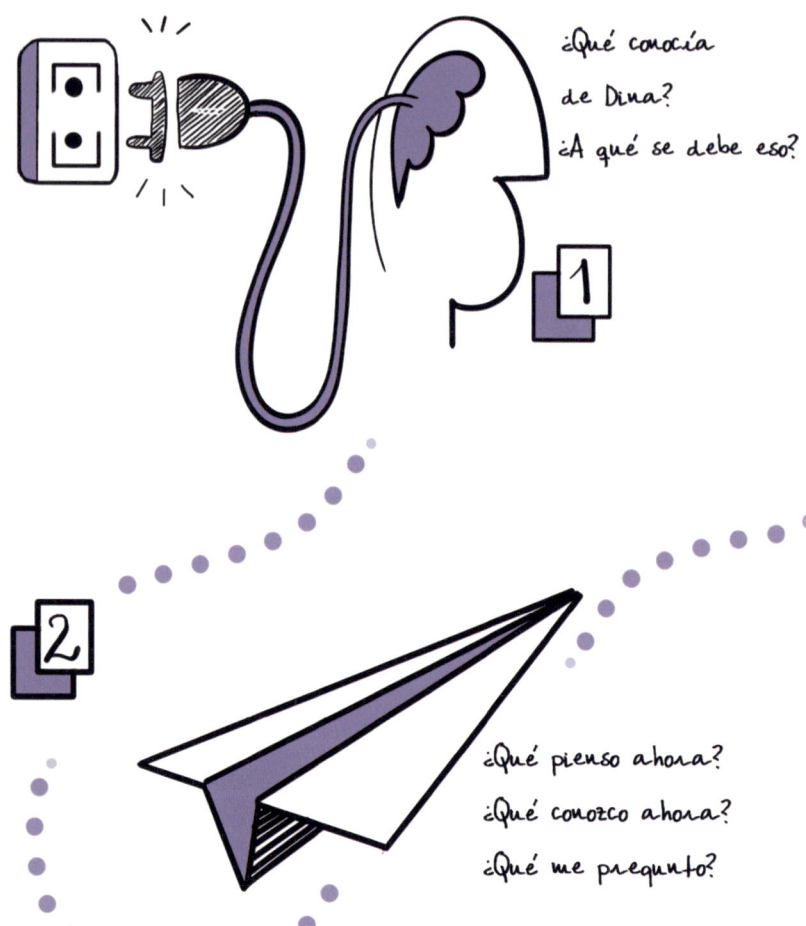

¿Qué conocía de Dina?
¿A qué se debe eso?

1

2

¿Qué pienso ahora?
¿Qué conozco ahora?
¿Qué me pregunto?

DESAFIAR

3

¿Cómo podría contribuir para no participar en espirales de violencia?

¿Qué postura puedo tomar ante la prostitución?

¿Hacia dónde me mueve Dina?

¿Qué no puedo normalizar?

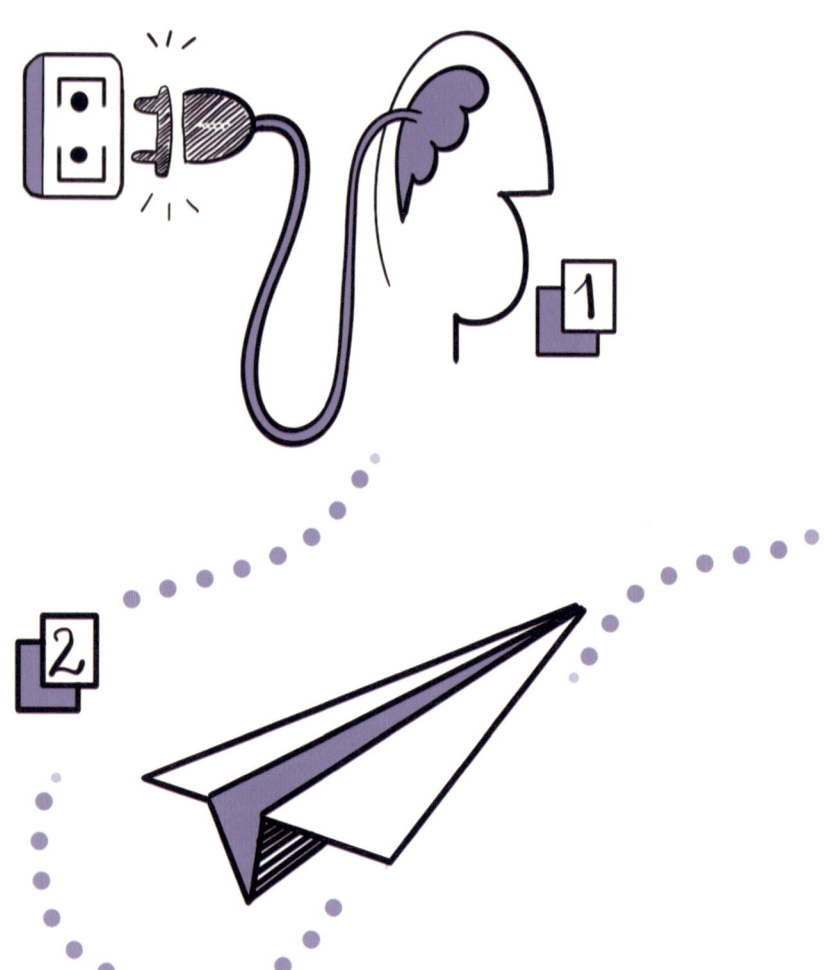

DESAFIAR

Bibliografía

Mercedes Navarro, «Dina, la mujer violada (Gén 34)», en Estela Aldave Medrano-Carlos Gil Arbiol (eds.), *Voces bíblicas olvidadas y recordadas. Ensayos de exégesis con perspectiva de género,* Verbo Divino, Madrid 2024, 51-66 (libro homenaje a Carmen Bernabé Urbieta). Este artículo expone y desarrolla con mayor rigor académico lo que en este libro se explica. El esquema es semejante al del libro con algunos añadidos. Puede resultar interesante para aquellas personas que deseen ampliar el conocimiento del texto.

Anita Diamant, *La tienda roja,* Villamagna ediciones, Barcelona 2009. Esta novela histórica pretende, mediante la voz de Dina, recrear el contexto y las historias de sus antepasadas, las cuatro madres, esposas del patriarca Jacob, centrándose en la vida de las mujeres, sus costumbres y sus problemáticas. En esta historia tiene lugar la desgracia de Dina y su destino posterior, es decir, todo aquello que omite el relato bíblico. Es interesante para recrear el contexto sociohistórico del relato.

Dolores Aleixandre Parra, «Las matriarcas», en Isabel Gómez Acebo (ed.), *Relectura del Génesis,* Desclée de Brouwer, Bilbao 1997. La autora recurre a la «imaginación creativa» como herramienta para profundizar en la historia de las matriarcas y reescribir los textos bíblicos. Recrea ampliaciones de los relatos a partir de lo que no está dicho a la búsqueda de nuevas posibilidades interpretativas. Ofrece sugerentes pautas de lectura.

Silvia Martínez Cano, «*Memoria liberationis* en dos actos. Cuerpo y gracia en el contexto del abuso», en Mireia Vidal i Quintero (ed.), *Genealogías del trauma. Cuerpos abusados, memorias reconciliadas,* Verbo Divino, Estella 2022, 119-154. La autora hace una reflexión desde la memoria liberadora de Jesucristo y la salvación que Dios ofrece a todos los cuerpos violados y ultrajados. Así se puede comprender mejor que la liberación de la persona que ofrece el cristianismo pasa siempre por la sanación del cuerpo. Es, además, lugar teológico para una comprensión actual de la presencia de Dios en el mundo.

Índice